© 2015 Connor Boyack
Tous droits réservés

ISBN 978-1-943521-01-2

Les jumeaux Tuttle étudient la Loi / Connor Boyack.

Illustré par Elijah Stanfield
Titre original: The Tuttle Twins Learn About the Law
Traduit par Damien Theillier

Imprimé aux Etats-Unis

10 9 8 7 6 5 4 3 2 1

LES JUMEAUX TUTTLE
étudient
LA LOI

TOMATES

DE FRED

CONNOR BOYACK

Illustré par Elijah Stanfield

Ce livre est dédié à
Frédéric Bastiat (1801-1850).

Un grand homme
et un grand esprit.

Ethan et Emily Tuttle sont des jumeaux épanouis de neuf ans, qui aiment apprendre de nouvelles choses. Ils sont frère et sœur, mais ce sont aussi de bons amis. Ils aiment accomplir des choses ensemble.

Un jour à l'école, leur institutrice, Madame Miner, décide de faire un cours sur la sagesse. Madame Miner leur explique qu'une personne sage, c'est quelqu'un qui connaît des choses importantes et vraies.

Pour leurs devoirs, Ethan et Emily doivent interviewer quelqu'un de sage.

Ils doivent demander à une personne sage de leur apprendre quelque chose de très important. Les deux jumeaux pensent alors aussitôt à leur voisin, Fred.

Fred est un homme déjà âgé qui a grandi en France. Il est comme un grand-père pour Ethan et Emily et leur apprend souvent de nouvelles choses.

Les jumeaux aiment discuter avec lui tandis qu'ils jouent dans la cour et que Fred travaille dans son jardin.

Fred sait beaucoup de choses intéressantes.
Les jumeaux peuvent lui demander tout ce qu'ils
veulent savoir, comme par exemple pourquoi les
nuages ont différentes formes...

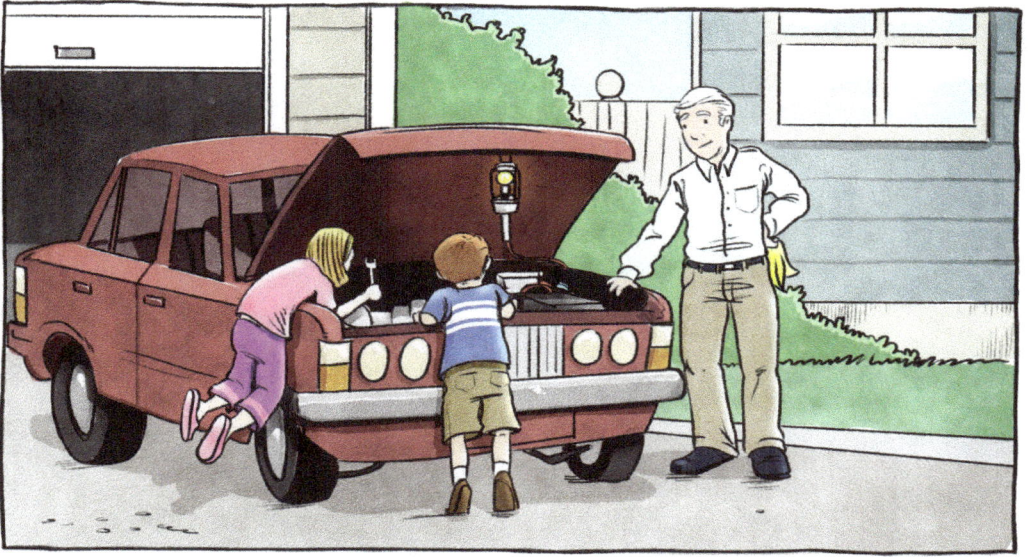

ou bien comment l'essence fait fonctionner un moteur de voiture, ou bien encore comment font les colibris pour avoir l'air de flotter.

Il a une réponse à toutes les questions ! Il est donc la personne idéale pour l'interview.

Après l'école, Ethan et Emily déposent leurs cartables à la maison et embrassent leur maman. Ils prennent quelques cahiers et crayons et traversent la pelouse en courant jusqu'à la maison de Fred.

Les jumeaux frappent à sa porte et Fred leur ouvre, les accueillant avec un grand sourire. « Comment vont mes voisins préférés ? » demande Fred.

Les jumeaux sourient ; ils aiment être les préférés.

« Que puis-je faire pour vous aujourd'hui ? » leur demande Fred.

« Nous avons eu une leçon sur la sagesse avec notre maîtresse, Madame Miner ! » répond Ethan. « Nous sommes censés interroger quelqu'un de sage », déclare Emily.

« Je vois », dit Fred, qui sourit en apprenant pourquoi ils sont venus le voir. « Et vous pensez que je peux vous aider ? »

« J'espère bien ! » dit Emily. « Vous voulez bien
nous aider ? » demande Ethan avec enthousiasme.
« Madame Miner a dit que vous deviez nous
apprendre quelque chose de très important. »

« Je peux essayer » dit Fred en se retournant.
« Je pense que je sais de quoi je vais vous parler.
Suivez-moi ! »

Emily, la plus dégourdie des jumeaux, franchit la porte d'un bond. Ethan entre derrière elle, et ils suivent Fred à l'étage, où se trouve son bureau.

On dirait une vraie bibliothèque, avec des étagères tout autour. Il y a aussi partout des piles de livres qui débordent. On voit bien que Fred est passionné par les livres.

« Asseyez-vous, les enfants, » dit Fred, en leur montrant le canapé. « Je veux vous aider à comprendre quelque chose de très important. » Fred attrape un livre tout en haut d'une étagère.

« C'est quelque chose qui affecte la vie de tout le monde, tous les jours », leur dit-il.

Les jumeaux Tuttle sont curieux. De quoi s'agit-il ?
se demandent-ils.

Ethan est très intelligent et aime essayer de
comprendre les choses. Il demande à Fred si c'est
quelque chose qui concerne la nourriture, car tout le
monde mange tous les jours.

14

Emily, avec son imagination fertile, a une autre idée. « Je parie qu'il s'agit du soleil ! » dit-elle, en essayant de deviner.

« Ces choses-là sont importantes, mais j'ai autre chose en tête », dit Fred.

« Qu'est-ce que c'est ? » demande Ethan avec enthousiasme. Il est de plus en plus intrigué.

Fred lui montre le livre qu'il a pris sur l'étagère. « Ceci ! » leur dit Fred.

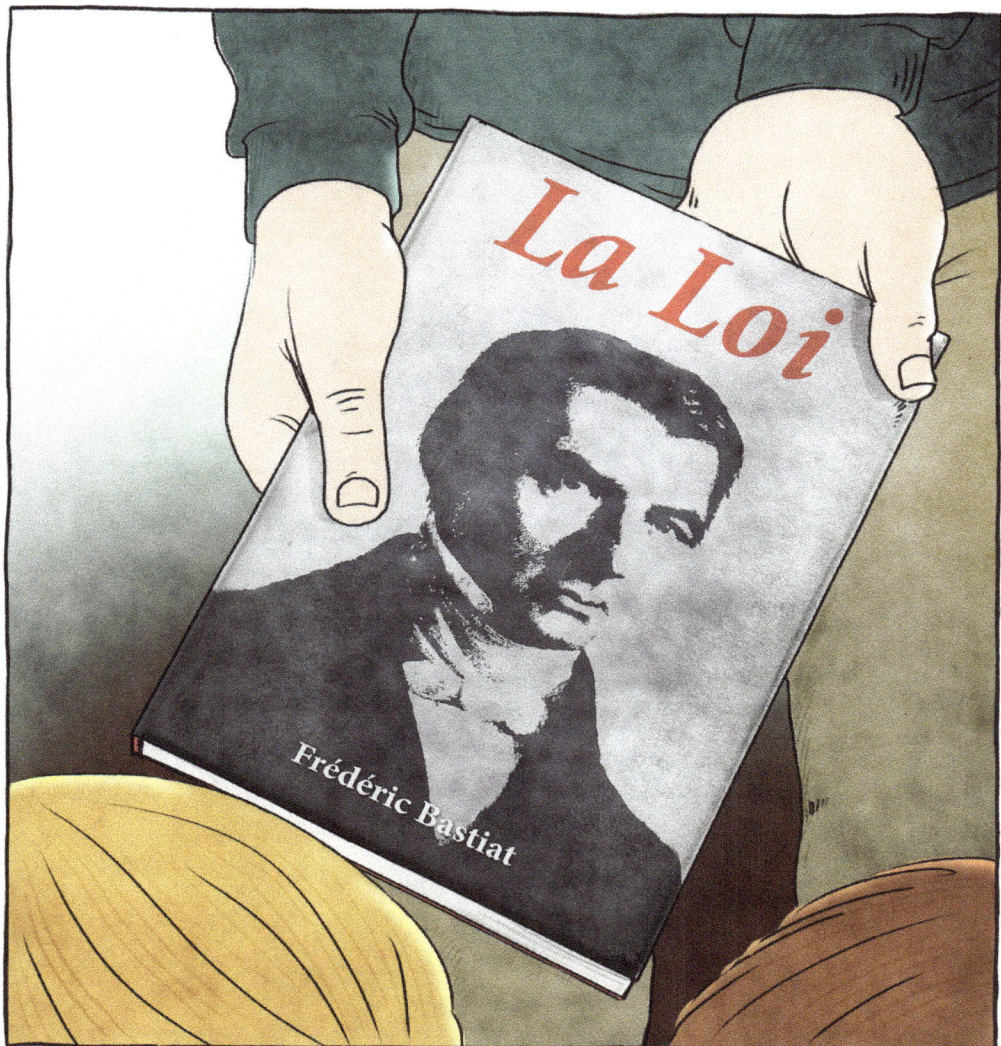

Ethan et Emily déchiffrent le titre du livre : *La Loi*.
Comme ils sont américains, ils ne peuvent pas
facilement prononcer le nom français de l'auteur,
Frédéric Bastiat.

« Mes parents m'ont donné mon prénom en souvenir
de cet homme», explique Fred. « Il a appris aux gens
beaucoup d'idées importantes sur le gouvernement. »

Les jumeaux se regardent avec un air d'étonnement sur le visage. « La loi nous touche tous les jours ? » demande Emily, en jetant un coup d'œil à Fred.

« C'est ça que vous trouvez si important ? » demande Ethan en croisant les bras et en fronçant les sourcils. « Vous êtes sûr ? » dit-il, tout en recopiant les mots « La loi » dans son carnet.

« C'est très important », dit Fred. « Et je parie que lorsque nous aurons terminé, vous serez d'accord avec moi ! »

18

Ethan n'est toujours pas convaincu. Il a l'habitude d'apprendre des choses intéressantes, par exemple sur les requins, les plantes carnivores, ou les fusées spatiales.

« Notre oncle est policier », déclare Emily. « Je crois qu'il travaille avec les lois. »

« Oui, tout à fait », convient Fred. « Quand les gens pensent à la loi, ils pensent généralement aux excès de vitesse ou aux criminels en prison. Mais c'est beaucoup plus que cela » dit-il.

« Chaque personne possède quelque chose qu'on appelle des *droits* : vous, moi... tout le monde ! » explique-t-il.

Emily écrit dans son carnet : « Nous avons des droits ».

« Avoir des droits, ça signifie qu'il y a certaines choses que je peux faire et que personne ne peut m'empêcher de faire », explique Fred.

« Comme jouer avec mes propres jouets ? » se demande Ethan à haute voix.

« Bien sûr », dit Fred. « Ou parler de choses que vous aimez, ou passer du temps avec vos amis, ou aller à l'église », leur dit Fred.

« Tant que vous êtes encore des enfants, vos parents ont la responsabilité de vous apprendre et de vous aider à utiliser vos droits de la meilleure façon », dit-il. « Mais pas quand je serai grande ! », déclare Emily, en se mettant debout sur la pointe des pieds pour se faire plus grande qu'elle n'est.

« C'est vrai », répond Fred. « Une fois devenus adultes, personne ne devrait vous empêcher d'utiliser vos droits. Vous deviendrez responsables de vous-mêmes ».

Ethan se demande à quoi Emily et lui ressembleront une fois adultes. Que feront-ils avec tous leurs droits ?

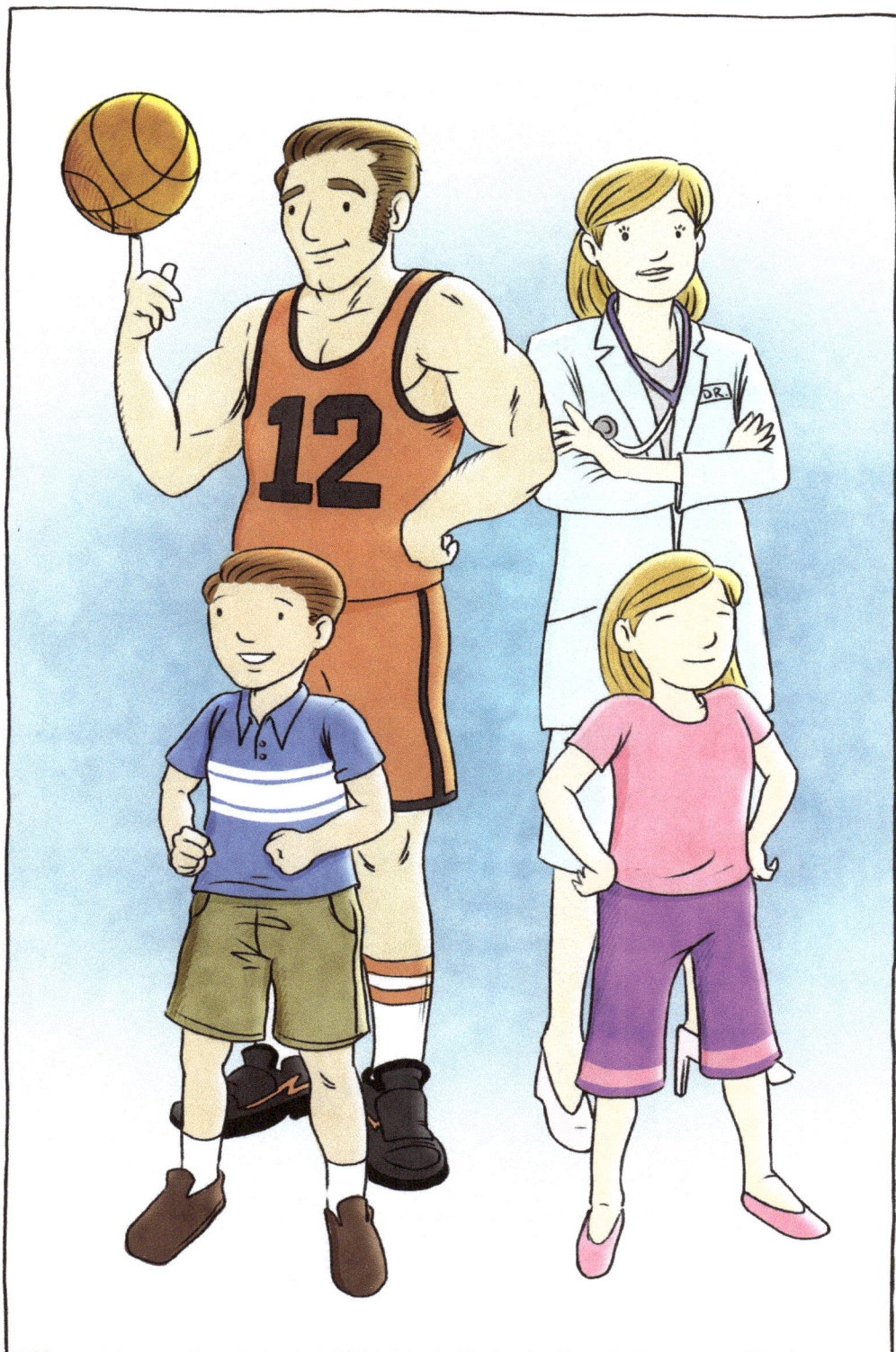

« Je sais que vous allez à l'église, avec votre famille », dit Fred. Ethan et Emily hochent la tête. « Pensez aux droits de cette façon : Dieu nous donne l'existence et il nous donne la capacité de penser, d'apprendre et d'agir. »

« Dieu nous donne également la possibilité de comprendre ce qui est bien ou mal », leur dit-il. Les yeux d'Ethan s'allument. « Ça s'appelle la conscience ! » s'écrie-t-il.

BIEN

MAL

« Exactement, Ethan », dit Fred, ravi de voir qu'ils commencent à comprendre.

Ethan écrit « Nous avons une conscience » dans son carnet, tandis que Fred l'aide avec l'orthographe. Emily écrit dans le sien « Nos droits nous viennent de Dieu. »

« C'est Dieu qui nous les a donnés, et nous avons la responsabilité de les préserver et de les développer », dit Fred. Il ajoute, avec un air grave : « Nous avons également besoin de les protéger. »

« A cause des méchants ? » demande Emily, le poing levé en l'air.

« Exactement », répond Fred avec un sourire. « Comme les gens veulent protéger leurs droits et arrêter les méchants, ils se regroupent. On appelle souvent ce genre de groupe : le gouvernement », dit-il.

Emily et Ethan se mettent à courir en tous sens et à donner des coups de poing et des coups de pied en l'air. « Donc, le gouvernement combat les méchants, c'est ça ? » demande Ethan. Voilà qu'il se met à imaginer des agents du gouvernement dans des costumes de super-héros !

« Oui, c'est l'idée, Ethan. Mais en fait ça n'est pas toujours le cas », dit Fred. « Très souvent, les méchants peuvent faire partie du gouvernement ! » Les jumeaux arrêtent leur jeu et restent bouche bée, incrédules.

« Il y a des méchants qui font partie du gouvernement ? Comment est-ce possible ? » demande Emily.

« Les méchants au sein du gouvernement ne portent pas de capes et ne ressemblent pas à des méchants », dit Fred. « Ils ont l'air normaux et disent des choses qui plaisent à beaucoup de gens », explique-t-il.

Emily écrit dans son carnet, pour s'en souvenir : « Il peut y avoir des méchants dans le gouvernement. » « S'il y a des méchants dans le gouvernement, qu'est-ce qu'ils font ? » demande Ethan pour continuer l'interview.

« Voilà une question importante, Ethan » remarque Fred tandis qu'il regarde par la fenêtre. « Allons dans mon jardin, je vais vous l'expliquer. »

C'est un après-midi ensoleillé avec une petite brise agréable. Ethan aime depuis toujours explorer de nouvelles choses dans le jardin. Emily aime chasser les papillons et les oiseaux.

Fred les conduit vers le potager, dans lequel il travaille tous les jours.

Il y fait pousser des tomates, du maïs, des poivrons, des courgettes, entre autres choses.

« Voyez-vous mes tomates ici ? » demande Fred.

« Mme Lopez, qui habite dans la rue, apprécie beaucoup quand je lui en donne. »

Fred cueille une tomate bien rouge et juteuse, et la tend aux jumeaux. « Que penseriez-vous si elle prenait une de mes tomates sans demander ? » interroge-t-il ?

« Eh bien, ce serait mal, bien sûr », répond Emily sans hésiter. Leurs parents leur ont toujours appris que c'est mal de voler.

« Est-ce que sa conscience ne lui dirait pas d'arrêter ? » s'interroge Ethan.

« Certainement », répond Fred.

« Maintenant, imaginez que Mme Lopez demande à votre oncle policier de l'aider à en prendre une. Que penseriez-vous s'il venait prendre mes tomates pour les donner à Mme Lopez ? »

Ethan soupçonne une question piège.
« Ce serait toujours mal », dit-il prudemment.

« Même si quelqu'un du gouvernement le fait pour elle ? » demande-t-il à Emily.

« Si c'est mal, c'est mal, peu importe qui le fait ! » dit-elle simplement.

« Exactement », répond Fred fièrement.

Ethan copie dans son cahier : « Voler est toujours mal. »

« Vous êtes tous les deux en train d'apprendre quelque chose que beaucoup de gens ne comprennent pas », dit-il. « Vous vous souvenez que nous avons tous des droits ? Et que nous formons des gouvernements dans le but de protéger ces droits ? »

« Oui » dit Emily qui se rapproche de son frère, prête à combattre les méchants.

« S'il est immoral pour nous de faire quelque chose, il est également immoral pour les gens du gouvernement de le faire », leur dit Fred. Ethan et Emily acquiescent. « Ce qui est mal est mal », déclare Emily.

Dusty, le chat de Fred, s'approche d'eux et se met à ronronner. Ethan caresse Dusty et pose la question : « Est-ce que les méchants qui sont au gouvernement vous volent vos affaires, Fred ? »

« Allons dans la cuisine, je vais vous expliquer cela », dit Fred. Les jumeaux font la course pour arriver le premier à l'intérieur.

Fred ouvre la porte de son grand garde-manger.
Il y a beaucoup d'étagères pleines de nourriture.
Comme dans une épicerie !

« Je stocke de la nourriture ici pour aider les gens
qui ont faim », déclare Fred.

Emily aime regarder toutes les couleurs des boîtes
de céréales ; Ethan essaye de compter combien il y
en a !

« Parfois je fais des repas pour des familles lorsque le père a perdu son travail, ou lorsque la mère vient d'avoir un bébé », leur dit Fred.

« C'est vraiment généreux » commente Emily.

« Mais qu'est-ce que cela a à voir avec le gouvernement ? », demande Ethan.

« Eh bien justement, rien », déclare Fred.
« J'aide les gens parce je l'ai décidé. Mais le gouvernement me force aussi à aider les gens. »

« Est-ce vraiment si mal ? demande Emily.
« Beaucoup de gens malades ou souffrant de la faim ont besoin de notre aide, non ? »

« Vous vous souvenez de ma question sur votre oncle policier, qui prendrait mes tomates pour les donner à Mme Lopez ? » demande Fred. Les jumeaux acquiescent. Il est toujours mal de voler, se rappellent-ils.

« De la même façon, les méchants dans le gouvernement prennent ce qui m'appartient et le donnent à d'autres sans ma permission. Parfois, ils prennent mes affaires et les gardent pour eux-mêmes, ou les donnent à leurs amis au lieu d'aider les pauvres », leur dit Fred.

« On dirait des pirates ! » dit Ethan, imaginant Fred sur le pont d'un bateau, menacé par un pirate armé d'une épée.

Fred se met à rire. « Oui Ethan, les pirates volent des choses : c'est ce qu'on appelle la spoliation. Et lorsque ce sont les méchants au sein du gouvernement qui le font, on appelle ça la spoliation légale. »

« Et il y a des lois qui permettent aux méchants de piller comme des pirates ? » demande Emily.

« Si une loi permet au gouvernement de faire quelque chose que je n'ai pas le droit de faire, alors ce n'est pas une vraie loi », déclare Fred.

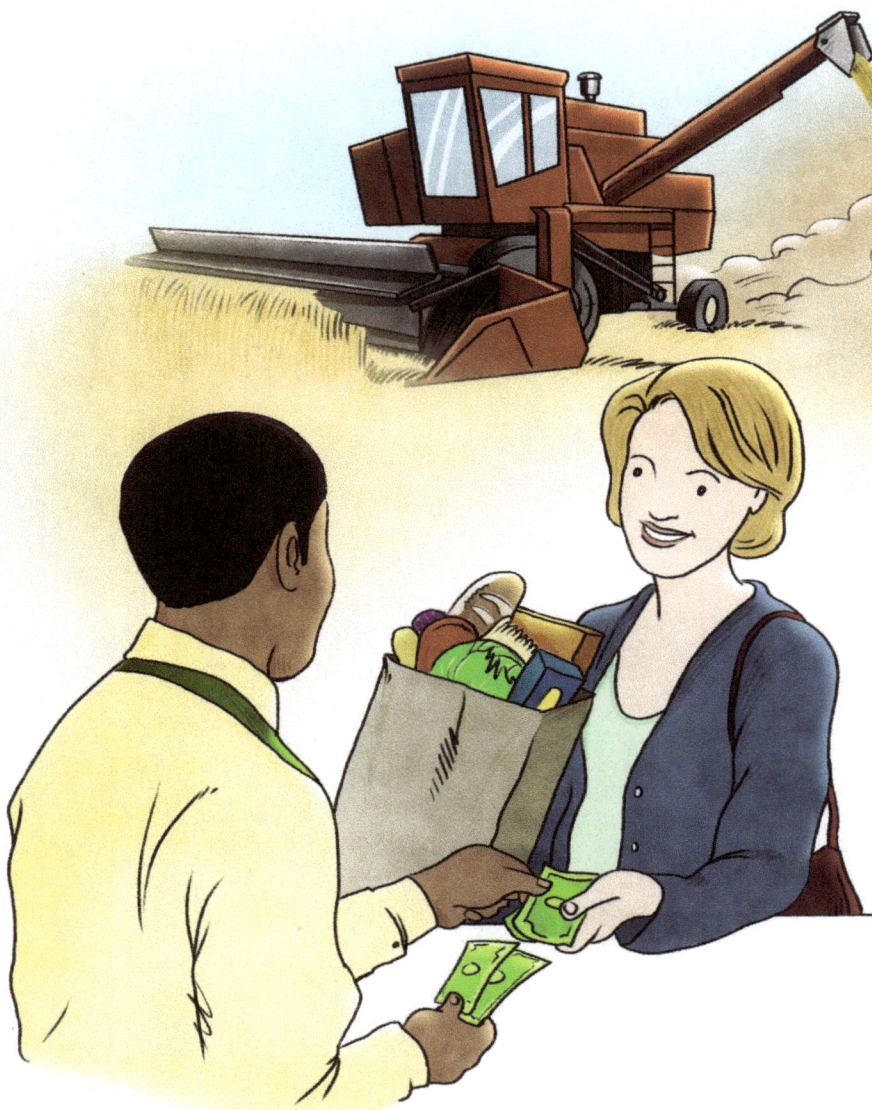

« Les vraies lois protègent les personnes et leurs biens contre la spoliation », explique Fred. « Lorsque de vraies lois existent et sont respectées, les gens travaillent dur pour améliorer leur vie et ils travaillent en paix avec les autres. Tout le monde est plus heureux. »

Ethan écrit « Les vraies lois protègent les gens. »
Fred continue : « quand il n'y a pas de spoliation
légale, les gens peuvent compter sur la bonté et le
dévouement des autres quand ils en ont besoin. »

« Mais quand la loi permet aux gens de spolier, cela crée des conflits », déclare Fred.

« Tout le monde s'efforce de recevoir plus et de donner moins. Certains arrêtent de travailler dur et commencent à demander au gouvernement de prendre soin d'eux à leur place. Lorsque cela se produit, le gouvernement se met à tout contrôler. »

« Ils aiment contrôler les choses », dit Fred aux jumeaux.

« Alors, qui arrête les méchants si eux-mêmes sont au gouvernement ? » se demande Emily.

« Excellente question ! » dit Fred en claquant des doigts. « Retournons à l'étage pour trouver la réponse. »

Fred retourne à son bureau et reprend son exemplaire de *La Loi*. « Quand le gouvernement fait de mauvaises choses, il est difficile de résister, parce que ce sont des gens très puissants », dit Fred. « C'est déjà pénible de se faire tyranniser par un autre enfant à l'école, mais imaginez que tous les instituteurs et le directeur de l'école soient des tyrans », poursuit-il.

« Je m'enfuirais sûrement de l'école ! » répond Ethan. « Moi aussi », convient Fred. Il tend le livre aux jumeaux.

« Et c'est pourquoi nous nous battons avec des idées », déclare Fred. « Comme celles de ce livre. Comme celles que je vous ai enseignées tout à l'heure. »

« Rappelez-vous, les jumeaux, que vous avez une conscience », dit-il. « Vous avez des droits et donc vous avez aussi des responsabilités. Vous devez aider les gens s'ils ont besoin de quelque chose, mais la loi ne doit jamais vous y forcer. »

Emily écrit « Nous devons aider les autres » dans son carnet. « Mais pourquoi si peu de gens savent toutes ces choses ? »

La Loi
- Nous avons une conscience
- Voler est toujours mal.
- Les vraies lois protègent les gens.

« C'est en cela que consiste la sagesse, Emily. Chacun de nous a des leçons importantes à apprendre, qu'il faut ensuite appliquer dans sa vie et enseigner aux autres », dit Fred.

« Des livres comme celui-ci sont là pour nous y aider », dit-il aux jumeaux en montrant son exemplaire de *La Loi* resté entre leurs mains.

« C'est ainsi que les sages à travers l'histoire ont agi. Et maintenant, vous aussi, vous pouvez aider vos amis et votre famille à apprendre tout cela ! » suggère Fred.

Fred leur propose d'emprunter son livre, même si beaucoup de mots leur sont inconnus. « Peut-être que vos parents auront plaisir à le lire », leur dit-il.

Il leur donne également un bocal de ses tomates du jardin, à rapporter à la maison.

Sur le chemin du retour, Ethan a une excellente idée et s'arrête soudainement. Il chuchote son idée à l'oreille d'Emily, qui sourit et hoche la tête. Les jumeaux ont un plan !

Après avoir bien regardé à gauche et à droite, ils traversent la rue et frappent à la porte d'une maison voisine. Mme Lopez ouvre la porte, enchantée de voir les jumeaux.

« Nous vous avons apporté un cadeau, Madame Lopez », clament Ethan et Emily d'une même voix. Ils lui remettent les tomates en souriant jusqu'aux oreilles.

« Nous avons voulu vous faire plaisir et personne d'autre ne nous a dit de le faire », explique Ethan.

« Vous êtes très gentils et vous êtes très sages pour votre jeune âge ! » dit Madame Lopez.

Pour les remercier de leur bonne action, elle leur offre à chacun un cookie fait maison. Ils sont contents d'avoir appris ce jour-là un peu de sagesse.

Fin

L'auteur

Connor Boyack est président de l'Institut Libertas, un groupe de réflexion sur les politiques publiques dans l'Utah. Il est l'auteur de plusieurs ouvrages sur la politique et la religion, avec des centaines de chroniques et d'articles en faveur de la liberté individuelle. Son travail a été présenté à la télévision locale, nationale et internationale, à la radio et dans d'autres formes de médias.

Natif de Californie et diplômé de l'Université Brigham Young, il réside dans l'Utah, avec sa femme et ses deux enfants.

Le dessinateur

Elijah Stanfield est propriétaire de Red House Motion Imaging, une société de production de médias dans l'État de Washington.

Il étudie depuis longtemps l'école Autrichienne d'économie, l'histoire et la philosophie libérale classique, et il a consacré beaucoup de son temps et de son énergie à promouvoir les idées de libre marché et de liberté individuelle. Parmi ses œuvres les plus notables, il a produit huit vidéos pour soutenir la candidature de Ron Paul lors de la campagne présidentielle de 2012. Il réside dans l'État de Washington, avec son épouse et leurs cinq enfants.

Le traducteur

Damien Theillier est diplômé de l'Université Paris-Sorbonne, il enseigne la philosophie en classes terminales et en classes préparatoires à Paris. Il est co-auteur de Culture Générale (Pearson, 2008), du Dictionnaire du libéralisme (Larousse, 2012) et d'un manuel de philosophie (cours-de-philosophie.fr). Il a fondé et préside l'Institut Coppet, un think-tank dédié à la réhabilitation de l'école française d'économie politique (institutcoppet.org).

Chers parents,

Je m'appelle Frédéric Bastiat et ce que vos enfants viennent de lire est une version simplifiée de mon livre, *La Loi*.

J'ai écrit ce livre en 1850, mais sachez que les principes qu'il contient restent aussi pertinents aujourd'hui qu'hier, sinon plus !

Dans *La Loi* je décris ce qu'est le rôle bien compris du gouvernement, et la nature véritable des lois.

Si vous aimez la liberté ou le principe du gouvernement limité, alors vous allez adorer mon livre !

Voici quelques citations de *La Loi*, sélectionnées pour vous donner une idée de ce que vous trouverez dans ce livre :

Vous voulez en savoir plus ? Rejoignez-nous sur : http://www.institutcoppet.org

« Ce n'est pas parce que les hommes ont édicté des Lois que la Personnalité, la Liberté et la Propriété existent. Au contraire, c'est parce que la Personnalité, la Liberté et la Propriété préexistent que les hommes font des Lois. »

« Puisque les tendances naturelles de l'humanité sont assez mauvaises pour qu'on doive lui ôter sa liberté, comment se fait-il que les tendances des organisateurs soient bonnes ? Les Législateurs et leurs agents ne font-ils pas partie du genre humain ? Se croient-ils pétris d'un autre limon que le reste des hommes ? Ils disent que la société, abandonnée à elle-même, court fatalement aux abîmes parce que ses instincts sont pervers. Ils prétendent l'arrêter sur cette pente et lui imprimer une meilleure direction. Ils ont donc reçu du ciel une intelligence et des vertus qui les placent en dehors et au-dessus de l'humanité. »

« Tant qu'il sera admis en principe que la Loi peut être détournée de sa vraie mission, qu'elle peut violer les propriétés au lieu de les garantir, chaque classe voudra faire la Loi, soit pour se défendre contre la spoliation, soit pour l'organiser aussi à son profit. La question politique sera toujours préjudicielle, dominante, absorbante ; en un mot, on se battra à la porte du Palais législatif. La lutte ne sera pas moins acharnée au-dedans. »

« Mais comment reconnaître la spoliation légale ? C'est bien simple. Il faut examiner si la Loi prend aux uns ce qui leur appartient pour donner aux autres ce qui ne leur appartient pas. Il faut examiner si la Loi accomplit, au profit d'un citoyen et au détriment des autres, un acte que ce citoyen ne pourrait accomplir lui-même sans crime. »

Téléchargez un exemplaire numérique de *La Loi* à l'adresse web : http://www.institutcoppet.org/2011/01/19/bastiat-la-loi-1850

Merci d'avoir lu *Les jumeaux Tuttle étudient la Loi* !

« Et si vous demandiez maintenant vos CADEAUX GRATUITS ? »

Gratuit : Le rapport spécial « Bastiat vivant - pourquoi la France a besoin de ses idées maintenant » ; 7 articles pour approfondir la pensée de Frédéric Bastiat, ses apports à l'économie moderne... et pourquoi ses écrits sont toujours d'actualité.

Gratuit : L'accès à une centaine d'articles d'universitaires et de journalistes mettant en avant la tradition intellectuelle française de la Liberté.

Gratuit : Des dizaines de vidéos courtes (moins de cinq minutes), à regarder sur le pouce. Vous y apprendrez... pourquoi il ne faut pas blâmer les jeunes au chômage aujourd'hui ... comment le capitalisme de connivence appauvrit un pays ... ou même comment truquer des élections en toute légalité.

Gratuit : Vous voulez approfondir vos connaissances ? Vous cherchez des conférences, des séminaires, à suivre depuis votre ordinateur ? Eh bien, vous pourrez avoir accès à 12 conférences filmées sur le site de l'Institut Coppet.

Et bien plus encore à découvrir ! Connectez-vous sur :

http://www.institutcoppet.org/lecteur-attentif

INSTITUT
COPPET